AF562357

DU RESPECT DE L'AUTORITÉ.

DISCOURS

PRONONCÉ

A LA DISTRIBUTION SOLENNELLE DES PRIX DU LYCÉE D'ANGERS,

le 13 août 1849,

PAR M. J. CLÉMENT,

PROFESSEUR AU LYCÉE.

Se vend au profit d'une petite Orpheline du Choléra.

PRIX : 50 c.

ANGERS,

IMPRIMERIE DE COSNIER ET LACHÈSE.

—

1849.

DU RESPECT DE L'AUTORITÉ.

MESSIEURS,

Autrefois, lorsqu'en pareille circonstance l'un de nous prenait la parole pour vous adresser un dernier mot d'avertissement et d'adieux, il pouvait, pour stimuler en vous l'ardeur du travail, en appeler à votre amour-propre et à votre ambition, ouvrir devant vous les séduisantes perspectives des dignités, des honneurs, de la fortune, et vous montrer dans l'avenir la main de la Patrie récompensant de ses munificences et de ses faveurs un mérite dont ces couronnes sont souvent le présage et l'espérance. Aujourd'hui, Messieurs, un autre soin préoccupe vos maîtres. Le travail vous est certainement plus nécessaire que jamais : les dernières traces du privilége ont disparu de nos lois; et désormais si la faveur peut encore surprendre le succès, le mérite seul peut y compter. Mais cette vérité, la jeunesse la comprend assez, et le moment est venu dè lui parler de ses devoirs plus que de ses intérêts.

Quoiqu'étrangers par votre âge et par vos occupations aux passions qui s'agitent dans la société, vous n'ignorez pas, Messieurs, que la Patrie est en proie à de cruelles souffrances, et que ses maux appellent le dévouement et l'amour de tous ses enfants. Je voudrais donc vous entrenir des idées et des sentiments que les jeunes générations doivent apporter à cette société livrée à la tourmente, pour y faire renaître le calme, la paix et la sécurité.

Si nos maux sont récents, Messieurs, la cause ne l'est pas, et mes conseils ne vous arriveront pas les premiers. Il y a quelques années, une voix aimée de vous et respectée de tous vous signalait ici même l'écueil contre lequel le vaisseau de la France menace de se briser. S'appuyant sur une autorité dont il n'avait pas besoin, le chef qui préside cette assemblée vous disait avec un des hommes d'État les plus considérables des temps modernes : *Ce qui nous manque aujourd'hui dans l'ordre moral, c'est le respect.* Eh bien, Messieurs, ce qui nous manquait il y a quelques années, nous manque encore plus aujourd'hui, et le temps a donné une triste sanction à la sagesse des conseils qu'on vous adressait alors. Le manque de respect pour toute espèce d'autorité, voilà, en effet, le principe et la source de nos maux. C'est pourquoi, sans descendre sur le terrain brûlant de la politique, qui doit ici nous rester étrangère, et en me renfermant complétement dans la sphère des idées et des principes, j'essaierai de vous montrer que la Liberté, but suprême de toutes nos luttes, n'est possible dans une société qu'avec un profond respect pour l'Autorité, et particulièrement pour celle de la Religion, qui protége toutes les autres.

On a dit qu'entre deux hommes honnêtes, une querelle suppose toujours un malentendu : on peut en dire autant des principes vrais. Si dans leur action et leur développement ils entrent en lutte et se font la guerre, c'est qu'ils ne se comprennent pas ; c'est que l'un ou l'autre, et peut-être tous les deux, méconnaît à la fois et sa propre nature et celle de son adversaire, ou plutôt de son voisin. L'antagonisme, Messieurs, n'existe pas dans la nature : pas plus dans le monde intellectuel et moral, que dans le monde physique. Dans l'un comme dans l'autre, il y a des forces différentes; nous les nommons quelquefois *opposées;* mais elles ne le sont qu'en apparence : la vérité est qu'au lieu d'être opposées, c'est-à-dire ennemies, elles combinent merveilleusement leur action, concertent leurs efforts et s'unissent dans leurs divergences pour concourir ensemble à un seul et même but, et que c'est de cette combinaison, de ce concert, de cette union, que résulte cette chose admirable que nous nommons l'*ordre,* et qui fait la beauté du monde.

Vous m'avez devancé, Messieurs, et vous avez déjà compris que comme dans le monde physique, depuis les corps lumineux qui promènent l'immensité de leur orbite dans les espaces célestes, jusqu'à l'atôme imperceptible qui se perd et s'abîme au sein de la terre, tout est soumis à deux grandes lois, l'une d'*expansion,* l'autre de *concentration,* l'une qui engendre les différences et la multiplicité, l'autre qui produit l'unité et l'ensemble; et que c'est de l'équilibre de ces deux forces également nécessaires que résulte l'harmonie du monde, c'est-à-dire l'unité dans la variété, l'*Univers;* de même dans le monde des esprits, depuis la plus petite association jusqu'à la société la plus vaste et la plus nombreuse, depuis la famille jusqu'à la nation, tout est également gouverné par deux lois suprêmes; l'une aussi d'*expansion* et qui engendre les individualités, l'autre de *concentration* et qui constitue l'unité; et que c'est également de l'équilibre de ces deux forces morales que résulte l'harmonie des âmes, l'univers des esprits, la *Société.*

Vous m'avez aussi devancé, Messieurs, pour nommer ces deux forces du monde moral : la force d'expansion, c'est la *Liberté;* la force de concentration, c'est l'*Autorité.*

Par la *Liberté* l'homme vit, au milieu de la foule de ses semblables, d'une vie qui lui est propre et particulière; il suit ses goûts et son penchant; prend la direction qu'il lui plaît; dispose son existence à son gré; et, maître de lui-même, pense et agit comme il l'entend.

L'*Autorité* rattache l'homme à la société dont il fait partie, et l'empêche de s'isoler dans son individualité au point de se placer en dehors du système social, ou d'en contrarier le mouvement et la marche par une action contraire. L'Autorité pose donc des limites aux droits de l'individu dans l'intérêt de la société; elle met des bornes à sa liberté; et, tout en la laissant maîtresse de ses mouvements, elle lui trace une voie, large, il est vrai, mais dont elle ne doit pas s'écarter; elle marque un point qu'elle ne peut pas franchir, et lui dit, comme Dieu aux flots libres et déchaînés de l'Océan : « *Tu n'iras pas plus loin.* »

L'Autorité, comme vous pouvez déjà le voir, n'est point l'ennemie de la Liberté qu'elle contient et qu'elle modère; elle est aussi nécessaire à l'homme que la Liberté, puisque l'homme, par sa nature, est à la fois libre et social, et que c'est par l'Autorité qu'il fait partie de la société et qu'il est citoyen. Mais, si nous savons l'entendre, l'Autorité non-seulement n'est point un principe d'une nature contraire à celle de la Liberté, non-seulement elle est nécessaire au même titre et au même dégré, mais au fond, la Liberté et l'Autorité ne sont qu'une seule et même chose envisagée sous deux points de vue différents. En effet, Messieurs, l'Autorité limite, il est vrai, notre liberté; mais où finit-elle notre liberté? elle finit, Messieurs, où commence celle des autres : voilà sa limite. L'Autorité, dans son essence, c'est donc aussi la Liberté; c'est la liberté de tous, comme la Liberté est l'autorité de chacun. La Liberté et l'Autorité c'est le *Droit* et le *Devoir*; et qu'est-ce que le devoir, sinon le droit des autres par rapport à nous, comme notre droit est le devoir par rapport à eux?

Or, la plus sûre garantie du droit, dans une société, n'est-ce pas le sentiment du devoir chez les citoyens? Donc, Messieurs, la suprême garantie de la Liberté, c'est aussi le respect de l'Autorité.

Cette vérité, pour être comprise, n'a pas besoin de longs développements : elle porte avec elle-même sa lumière; elle est claire comme le jour; c'est un corollaire de nos définitions.

La Liberté et l'Autorité une fois définies, je dois vous montrer dans quels rapports, et, si je puis parler ainsi, dans quels termes elles doivent être ensemble.

Vous savez tous le rôle que jouent l'Autorité et la Liberté dans la famille. Dans les premières années de votre enfance, l'autorité paternelle a constamment l'œil sur vous : elle ne vous quitte pas. On trace autour de vous un cercle dans lequel tous vos mouvements doivent s'exécuter; ce cercle est resserré, et il vous est défendu de le franchir. Alors vous n'avez le choix de rien, et toute votre liberté ne consiste guère qu'à obéir. Plus tard, quand l'âge a déjà mis en vous un peu de raison et de sagesse, l'autorité de vos parents relâche quelque chose de sa surveillance, et vous voyez (avec quelle joie!) poindre l'aurore de votre liberté.

Vons êtes moins limités, moins gênés dans vos mouvements; comme on peut déjà compter sur vous, on vous laisse à vous-mêmes dans une foule de circonstances où s'essaie votre *souveraineté* naissante. Enfin, il arrive un temps où devenu homme par la raison aussi bien que par l'âge, vous vous appartenez à vous-mêmes, et ne relevez plus, pour la plupart de vos actions, que de votre conscience et de votre libre volonté.

Eh bien ! Messieurs, la famille, sous le rapport où nous venons de la considérer, comme sous beaucoup d'autres, est l'image de la société; c'en est en quelque sorte la miniature, et le philosophe peut ici, comme le poète, *comparer les grandes choses aux petites*, et étudier l'humanité dans la famille, les peuples dans les individus. L'étude de l'histoire, en effet, a dû vous montrer les peuples passant au sein de l'humanité par les mêmes phases que les individus dans la famille : d'abord sous le joug d'une *Autocratie* plus ou moins absolue (1) ; puis faisant peu à peu des conquêtes de liberté sur un pouvoir qui s'amoindrit; et finissant par entrer dans toute la plénitude de leur liberté, sous une forme de gouvernement que l'on nomme *République*, et dans laquelle le pouvoir sorti des suffrages du peuple, n'a plus qu'une autorité restreinte, dont la source n'est plus en lui-même, et dont il n'est que le dépositaire passager.

Or, Messieurs, il y a deux remarques importantes à faire sur le développement relatif de la Liberté et de l'Autorité au sein de la famille.

La première, c'est que la liberté accordée à l'individu

(1) *Libido regum pro legibus habebatur.* (Just. lib. 2, ch.VII.)

est toujours proportionnée au degré de raison et de moralité auquel il est parvenu. Ceci se fait, Messieurs, sans science aucune, sans raisonnement et sans calcul, sous la seule inspiration de la nature. Et il faut bien ici admirer la sagesse de la nature. Qu'arriverait-il, en effet, si à un enfant qui n'a encore ni l'intelligence de ses intérêts, ni le sentiment de ses devoirs, la famille allait accorder une liberté sans limites? il est de toute évidence que l'enfant en abuserait; et qu'il en est, Messieurs, à qui trop de liberté a été funeste, et qui ont ensuite payé par de tristes et honteuses servitudes, le malheureux privilége d'une indépendance prématurée!

De même pour les peuples, la liberté doit se mesurer sur leur intelligence et sur leur moralité. Donner à une nation plus de liberté que n'en comporte son caractère et ses mœurs, c'est le moyen infaillible de la précipiter dans des abîmes, et, au lieu de la conduire à une liberté définitive et triomphante, de lui faire perdre, au contraire, les conquêtes légitimes qu'elle avait faites, et de la replacer, après bien des malheurs, et peut-être bien des crimes, sous un joug plus étroit et plus dur que celui de sa première sujétion.

Ceux donc, Messieurs, qui veulent entraîner le peuple à une liberté effrénée, le conduisent droit à la servitude. Aussi, ouvrez l'histoire des révolutions, et vous trouverez qu'il y a toujours dans un tribun l'étoffe d'un dictateur.

Les anciens disaient qu'il ne peut y avoir d'homme libre que le vrai sage. Il faut le dire également des peuples : pour les nations, comme pour les individus, la condition essentielle de la liberté, c'est l'intelligence et la vertu. Et cependant, Messieurs, c'est triste à dire, mais enfin c'est la vérité, dans la société comme dans la famille, ceux qui réclament le plus de liberté ne sont pas toujours ceux qui en font le meilleur usage!

La famille qui nous enseigne les conditions du plus ou moins de liberté chez un peuple, nous donne encore la mesure du respect qu'on doit avoir pour l'Autorité dans les différentes formes de gouvernement, et en particulier dans une République.

A l'époque de sa dépendance absolue, l'enfant craint l'autorité paternelle plutôt qu'il ne la respecte. Plus tard, quand la contrainte est moins grande, l'obéissance, en devenant plus libre, devient plus grave et plus sérieuse. Enfin, lorsque l'âge de l'émancipation est arrivé, et que la liberté n'a plus d'entraves, son respect aussi n'a plus de bornes; il est sans limite comme sa liberté. Ainsi, Messieurs, le respect de l'autorité paternelle grandit à mesure que cette autorité se restreint et s'efface! Cet enfant devenu un homme ne reçoit plus d'ordres, on ne lui intime plus de défenses, mais il a le sentiment de ses devoirs, et il met son honneur à faire cette volonté qui ne s'impose pas; le père ne commande plus, mais le fils fait mieux qu'obéir : il prévient jusqu'aux moindres désirs de cette autorité qu'il vénère!

Eh bien! Messieurs, voilà ce que doit être le respect de l'Autorité dans une République : d'autant plus consciencieux et plus profond que la main du pouvoir se fait moins sentir, et nous laisse plus de liberté. Et il faut bien qu'il en soit ainsi. L'Autorité, avons-nous dit, c'est la force centripète du monde moral; c'est cette force qui embrasse dans l'étendue de son action tous les individus dont se compose une société, et qui, dominant la diversité et l'infinie variété de leurs mouvements, crée au sein de toutes ces divergences l'ensemble et l'unité, et ramène sans cesse vers le centre tout ce qui tend à s'en écarter. Or, puisque dans une société gouvernée par une République, le pouvoir laisse aux individus une plus grande indépendance, et qu'il a prise sur eux par moins d'endroits, il faut évidemment, pour les contenir, qu'il les saisisse plus fortement, c'est-à-dire, Messieurs, qu'il les prenne par la conscience, car ce n'est que par-là qu'on peut avoir prise sur des hommes libres.

Ce respect profond pour l'autorité sans lequel une République ne saurait vivre, l'avons-nous?

Je ne voudrais pas, Messieurs, exagérer nos défauts, ni sous prétexte de vous démontrer le mal qui mine notre société, vous la peindre sous des couleurs trop sombres; mais je crois rester dans le vrai en affirmant que de quelque côté qu'on porte ses regards et sous quelque rapport qu'on envisage la question du principe d'autorité (et je parle, bien entendu, de l'autorité dégagée de tout abus, et restreinte dans les limites du droit et de la raison), on trouvera que partout et en tout ce principe a reçu de graves et profondes atteintes.

Le Père, le Maître qui le remplace, le Magistrat, le Prêtre, le Vieillard, tout ce qui représente l'autorité parmi les hommes a perdu quelque chose du respect qui l'environnait. C'est une parole vulgaire et qui ne rencontre point de contradiction : *qu'on ne respecte plus rien parmi nous.*

A Rome, dans les beaux jours de la République, la jeunesse, dit Pline, apprenait à commander en obéissant d'abord, et afin de pouvoir un jour diriger les autres, elle commençait par se laisser conduire elle-même. A Sparte, Lycurgue avait eu soin que les enfants fussent formés de bonne heure à l'obéissance; et en les endurcissant à la douleur et aux fatigues, ce qu'on leur apprenait surtout, c'était la soumission à leurs chefs.

De là, Messieurs, venait la principale force de ces puissantes républiques; et un jour quelqu'un disant en présence d'un philosophe que ce qui faisait la puissance et la grandeur de Sparte, c'est que ses chefs savaient commander, « *dites donc plutôt*, reprit le philosophe, *que c'est parce que ses citoyens savent obéir.* »

Nous sommes loin de ces temps, mais plus loin encore de ces mœurs! Aujourd'hui, ce que la jeunesse sait le moins, c'est l'obéissance.............. Où allons-nous donc, Messieurs, et quel avenir nous est réservé, si ceux à qui il faut encore des maîtres, prétendent déjà commander?

Le mépris de l'Autorité, voilà donc la plaie saignante de notre époque. Mais pour remédier au mal, il faut le bien comprendre, et pour le comprendre, il faut savoir d'où il vient.

La Liberté, Messieurs, n'est pas seule responsable du mal que nous déplorons : l'Autorité, il faut bien le reconnaître, a contribué par ses fautes à sa propre déconsidération; et, comme il arrive dans presque toutes les luttes, chacun ici a sa part de torts.

Toutefois, Messieurs, ne croyez pas que ce soit dans les fautes de l'Autorité qu'il faille chercher la cause première du mépris dans lequel elle est tombée parmi nous :

la Liberté était séditieuse avant que le pouvoir fût corrompu, et le mal dérive de plus haut.

La politique, malgré son importance, est subordonnée à un ordre de choses supérieur qui la domine et dont elle n'est, en quelque sorte, que la conséquence et l'application : je veux parler de l'ordre intellectuel, qui comprend la philosophie, la morale et la religion. Là, Messieurs, on retrouve, ou plutôt on découvre (car ils y sont comme à leur source), les deux principes dont nous observons les luttes dans la politique; c'est-à-dire la *Liberté* et *l'Autorité*. L'union de ces deux principes est aussi nécessaire à l'esprit dans l'ordre intellectuel, qu'à la société dans l'ordre politique : dans les idées, comme parmi les hommes, c'est tantôt celui-ci, tantôt celui-là qui doit avoir la prépondérance; mais jamais l'un ne peut se passer de l'autre, et c'est dans leur alliance, dans une alliance sage et mesurée, que l'esprit humain, comme la société, trouve le secret de sa force, de sa puissance, et de sa grandeur. Malheureusement, ici comme en politique, ces deux principes, destinés à vivre en paix et à concourir ensemble au même but, se font également la guerre, méconnaissent alternativement leurs droits réciproques, tendent sans cesse à s'envahir l'un l'autre, à s'opprimer mutuellement; et quand la paix qu'ils ont faite paraît la plus profonde, soudain on voit surgir des dissensions inattendues, la discorde éclate, et la guerre recommence!

Pendant tout le moyen-âge, l'Autorité avait été le principe dominateur; le XVIe siècle secoua le joug, et se jeta dans un excès opposé : c'est alors dans les choses de l'esprit une liberté sans mesure et sans frein. Le XVIIe posa les vrais limites de la liberté et de l'autorité dans l'ordre intellectuel, et sut unir dans une juste mesure la *Raison* et la *Foi :* tous les grands hommes de ce grand siècle furent en même temps des philosophes indépendants et des chrétiens soumis,

Ainsi le moyen-âge avait été un peu *crédule*; le XVIe siècle fut *sceptique*; le XVIIe a été *croyant*; c'est-à-dire, Messieurs, qu'il a été dans le vrai; car c'est sous l'empire de cette alliance sincère, de cette union profonde de la Liberté et de l'Autorité, de la Raison et de la Foi, que le génie français, élevé à sa plus haute puissance, jeta son plus vif éclat, et illumina le monde des splendeurs de sa lumière et de sa gloire.

On répète souvent, Messieurs, que le cœur de l'homme est inconstant : son esprit l'est bien plus encore! Cette alliance auguste qui faisait sa force et sa grandeur, bientôt le génie français la brisa. Le XVIIIe siècle tout entier ne fut qu'une longue guerre contre le principe d'autorité représenté par le Christianisme, et notre époque, malgré les différences profondes qui la séparent du siècle précédent, a hérité de ses antipathies, je ne dis pas pour tout le Christianisme, mais pour la Foi, pour l'Eglise, en un mot pour l'Autorité. Nous nous sommes rapprochés du Christianisme, il est vrai, mais plus par l'imagination et par le cœur que par l'intelligence : comme l'auteur d'Emile, *la beauté de la Religion nous touche, la sainteté de l'Evangile parle à nos cœurs*, mais la foi n'a pas enfoncé ses profondes racines dans nos âmes; on admire la religion, mais on ne lui est pas complétement soumis : on l'aime plutôt qu'on n'y croit. Le dirai-je? les croyants eux-mêmes n'ont pas aujourd'hui cette foi simple et sincère des anciens jours; on dirait qu'ayant vécu dans une atmosphère de scepticisme, ils ont respiré un air dont leur foi languit; comme quand une épidémie pèse sur une cité, les corps les plus sains, tout en échappant à la contagion, ne laissent pas que d'éprouver un certain malaise qui les fatigue et leur ôte leur force et leur énergie ordinaires.

Or ce manque de soumission dans l'ordre religieux, cette révolte contre l'autorité du Christianisme, voilà, Messieurs, où il faut voir la source première, la véritable origine, le principe et la cause réelle de nos malheurs présents et de ceux dont la crainte assombrit l'horizon de notre avenir.

Tout se tient dans notre monde, Messieurs, tout se lie, tout s'enchaîne; l'Autorité, où que vous la preniez, et quelle que soit sa forme, est, au fond et dans son essence, une seule et même chose : l'attaquer dans la Religion, c'est-à-dire dans sa source la plus élevée, c'était l'ébranler et la détruire d'avance dans toute la société.

Voyez cet édifice dont les proportions hardies s'élèvent majestueusement dans les airs, mais dont les murs, profondément lézardés, laissent apercevoir les marques d'une décrépitude qui ne vient pas de la vétusté. Un jour une colonne qui faisait son principal appui fut ébranlée et jetée à terre. L'édifice, dont tous les matériaux étaient fortement attachés les uns aux autres, se soutint d'abord; et déjà l'ignorance, contemplant les ruines de cette colonne, les considérait avec un dédain superbe et insultant, comme les débris usés d'une pièce qui avait toujours été inutile. Mais avec le temps l'édifice commença à fléchir là où manquait l'appui; peu à peu toutes les parties entraînées perdirent de leur équilibre, et maintenant l'édifice tout entier menace ruine. Voilà, Messieurs, l'image de notre société; voilà l'œuvre du mépris de l'autorité de la Religion, et nous pouvons dire avec Bossuet, en appliquant aux nations ce qu'il adressait aux rois : « *C'était le conseil de Dieu d'instruire* les peuples *à ne point quitter son Eglise.* »

En effet, Messieurs, ce premier rempart de l'autorité une fois détruit, tous les autres devaient successivement s'écrouler. A force d'exalter outre mesure l'indépendance de l'homme, on l'a rendu orgueilleux jusqu'à l'extravagance, et après avoir secoué le joug de la Foi, on secoua celui du bon sens : la raison eut à souffrir autant que la Religion des blasphêmes que notre siècle a entendus.

Sans doute, Messieurs, tout ce qui s'est détaché du Christianisme n'est pas tombé si bas : des esprits droits et meilleurs que leur principe ont pu, à côté de l'Eglise, et maintenus, du reste, à leur insu, par son action incessante, garder intactes toutes les grandes vérités morales dont celle-ci conserve le dépôt. Mais il n'en est pas moins vrai que toute philosophie positivement hostile à la Foi chrétienne, porte en elle-même un germe d'orgueil et par conséquent de division, qui, en se développant, doit infailliblement produire l'anarchie dans les idées, pour la jeter ensuite parmi les hommes.

Descartes et tous les esprits éminents de cette grande école, qui n'est autre que l'école de l'esprit humain lui-même, ont posé *l'évidence* comme la règle et la mesure suprême de nos jugements. Mais ces grands esprits, qui n'ont pas cessé d'être nos maîtres, étaient trop éclairés pour n'être pas modestes. Ils professaient le respect le plus profond et le plus sincère pour l'autorité de la Religion et du sens commun; les lumières des autres étaient un élément de leur évidence; ces génies puissants se seraient défiés d'une idée qui aurait eu contre elle la raison commune; loin de courir après les nouveautés et de chercher à surprendre par la singularité de leurs conceptions, ils mettaient leur gloire à penser comme tout le monde; seulement ils aspiraient à avoir des choses une vue plus claire, et à les comprendre mieux.

Il est certain, Messieurs, que Dieu ne nous a pas donné des yeux pour voir par ceux des autres; mais ce n'est pas non plus pour voir autrement. Quand il nous arrive de voir les objets d'une autre couleur que tout le monde, nous en concluons que nos yeux sont malades. Nos réformateurs, eux, suivent la méthode contraire. Chacun d'eux voit les choses à sa manière, comme personne ne les voit, et ne les a jamais vues; et tous prétendent à l'infaillibilité; chacun dit : *la Raison, c'est moi.*

Outre les extravagances, les folies et les blasphèmes qui en sont sortis, cet esprit d'orgueilleuse indépendance et d'audace insensée a produit de tristes résultats; car, en divisant les croyances, on a affaibli les convictions, et par là, énervé les volontés. L'homme, Messieurs, ne croit fortement que ce qu'il croit avec tous, et c'est surtout dans le monde des esprits que l'*union fait la force.* A l'exception de quelques hallucinés, qui s'exaltent dans leur système comme le maniaque dans sa folie, généralement l'homme se défie de ce qui n'a pas l'approbation de ses semblables. Les opinions individuelles ou trop peu partagées languissent, et ne donnent à l'âme aucune énergie; et c'est ce qui fait que nous avons aujourd'hui si peu d'ardeur pour le bien. Depuis quelque temps on répète à satiété que l'éducation du peuple n'est pas faite, et que nos dangers viennent de l'ignorance des masses; Messieurs, il y a là une grande erreur. Non, ce n'est point l'intelligence de nos droits qui nous manque; ce qui nous manque, c'est le sentiment de nos devoirs. Donnez donc des lumières au peuple, si vous le pouvez, mais donnez des vertus à tout le monde, car tout le monde en a grand besoin; donnez à tous l'amour de la patrie qui languit dans les cœurs; donnez, pour la chose publique, le dévouement qu'on ne prodigue qu'à l'intérêt privé; donnez la fraternité qui ne se lit que sur les murs de nos monuments; donnez enfin à nos mœurs l'esprit de l'Evangile qui n'existe que dans nos lois!

Telle est, en effet, Messieurs, l'étrange spectacle que présente notre époque: jamais les institutions ne furent si chrétiennes, et rarement les hommes le furent si peu. C'est là le malheur de notre situation.

Il semble que jusqu'ici le Ciel n'ait pas voulu accorder à la terre le règne complet de l'Evangile. Pendant de longs siècles, le Christianisme a régné en maître souverain sur les âmes sans pénétrer jusque dans les institutions politiques : les conditions sociales où se trouvaient les peuples ne le permettaient pas encore; et quand les nations formées par l'Evangile purent enfin appliquer à leurs constitutions les conséquences de la doctrine céleste qui les avait élevées, il se trouva que cette doctrine avait perdu de son empire sur les âmes, et, par une fatalité singulière, le Christianisme ne passa dans nos lois qu'en s'échappant de nos mœurs. La Liberté est fille du Christianisme : elle est sortie de l'Evangile comme le ruisseau le sa source, comme la fleur de sa tige, comme la lumière de son foyer; et la Liberté a apparu dans le monde avec une haine implacable contre la Religion; la Religion, de son côté, lançait l'anathême à la Liberté : la mère maudissait la fille; la fille déchirait les entrailles de la mère. Que cette discorde leur a été fatale à toutes deux! Vous savez, Messieurs, les maux qu'elle nous a valus; et la France porte encore le deuil des calamités qui en sortirent.

Ce serait une étude intéressante et féconde en enseignements que de rechercher les causes de ces fatales méprises, que d'expliquer ce qui paraît d'abord si inexplicable, et de faire voir dans les préjugés, dans les intérêts et les passions des hommes, tout ce qui concourut à faire éclater la guerre entre des principes qui sont frères, et n'auraient jamais dû être un seul instant désunis.

Pressés par le temps, bornons-nous à constater que la Liberté et la Religion ont fait la paix, et qu'elles sont désormais indissolublement unies. Notre dernière révolution a fait plus que rapprocher les deux principes qui doivent dominer l'avenir : en mettant à découvert les abîmes sur lesquels la France marchait, sans s'en douter, elle a fait comprendre à la société qu'il n'y avait de salut pour elle que dans la religion. C'est une chose merveilleuse, Messieurs, que le changement qui s'est opéré dans les esprits. Des hommes hier les plus hostiles à l'Église lui demandent aujourd'hui de sauver cette société dont ils auraient voulu pouvoir la bannir. Il n'est pas un homme d'État sérieux qui ne comprenne que le salut est là; et jamais on n'a été si unanime pour proclamer la nécessité d'un retour prompt et sincère à la religion. Mais, Messieurs, les sociétés ne se convertissent pas comme les individus. Il suffit quelquefois d'un événement pour changer tout d'un coup le cœur d'un homme. Ainsi, pour citer un exemple illustre, le grand écrivain dont notre littérature pleure encore la perte, a retrouvé dans les reproches que lui envoyait sa mère du bord de la tombe, la foi qui devait rendre la lumière à son âme et donner l'immortalité à son nom. Dans une société, au contraire, tous les changements, en bien comme en mal, se font lentement. En vain nous tentons de généreux efforts pour revenir complétement à la foi de nos pères : la génération qui imprime ce mouvement aux esprits marchera dans cette direction, mais sa marche sera lente; elle n'arrivera pas elle-même au but. C'est à vous, Jeunes gens, qu'est réservé le bonheur de l'atteindre. A vous donc de préparer l'avenir de la France et d'assurer le triomphe de nos nouvelles institutions, en apportant au service de la Liberté les vertus chrétiennes qu'elle exige. Grandissez ici dans le respect et l'amour de la Religion; inspirez-vous des préceptes de sa morale; que ses dogmes soient toujours la règle suprême de votre intelligence; loin d'en rougir, comme on a eu le malheur de le faire autrefois, soyez fiers d'être les disciples de l'Évangile, et dites avec ce jeune homme d'une école célèbre montrant l'image du Christ au peuple qui venait de briser le trône des rois : VOILA NOTRE MAÎTRE A TOUS !

8

www.ingramcontent.com/pod-product-compliance
Lightning Source LLC
LaVergne TN
LVHW010259230826
846091LV00007B/3054

* 9 7 8 2 0 1 3 0 4 4 2 7 1 *